GUIDE DES APPRENTIES SORCIÈRES

Texte de Irène Colas

Illustrations de Françoise Francq

Couleurs de Cécile Hudrisier

MILAN jeunesse

Urgent

Recherchons candidates courageuses,
téméraires et bien dégourdies
pour manipuler baguettes
et formules magiques
et expérimenter sorcellerie
et magie noire.

Trouillardes s'abstenir...

CANDIDATE

SIDONIE

APPRENTIE JOLIE SORCIÈRE

« Hé ! Comment me trouvez-vous ? Pour la coupe de cheveux, je tiens à vous signaler que c'est complètement naturel. Quand je pense qu'il y a des filles qui préfèrent se teindre en blond… Quelle horreur !
Je suis faite pour être sorcière.
Ça se voit, non ? »

« Lui, c'est mon chat. Il est un peu timide… »

« Mon rêve serait de voler sur un balai. J'y arrive un peu d'ailleurs mais je me demande une chose : est-ce qu'il ne faudrait pas un soupçon de poudre de perlimpinpin pour décoller vraiment ? »

CANDIDATE

VIOLETTE

APPRENTIE TRÈS ACCOMPAGNÉE

« Salut ! Vous voyez, les animaux et moi, ça colle hyper bien ! Excusez-les, ils sont un peu curieux mais ce n'est pas tous les jours que l'on parle d'eux dans un livre... »

« J'ai une grande spécialité qui me servira sûrement en tant que future sorcière : je sais dresser les araignées... »

« Allez Cocotte ! Plus haut les papattes ! »

CANDIDATE

ZAZA

APPRENTIE AUX PIEDS NUS

« J'ai eu un arrière-grand-père qui était sorcier marabout en Afrique. Il soignait les gens mais pas du tout avec des cachets ou du sirop. Il faisait de drôles de mixtures qu'il fallait boire ou s'appliquer sur le corps en chantant des trucs bizarres... »

« Je n'ai pas vu souvent mon arrière-grand-père mais, la dernière fois, il se tenait comme ça, en regardant l'horizon avec un air très grave. »

« Il ne se nourrissait que de lait de chèvre et de sang de vache. Mais là entre nous, j'ai du mal à faire pareil... »

« Voilà plutôt à quoi ressemble mon alimentation à moi... »

CANDIDATE

ANGÉLIQUE

APPRENTIE PRINCESSE RECONVERTIE

Franchement, j'aurais trop préféré participer au Guide des apprenties princesses, mais ça, je l'ai déjà remarqué, il suffit que je demande une chose pour que l'on m'en donne une autre... Bon, je n'vais pas trop faire la tête parce que, à bien y réfléchir, j'aurai bien 2 ou 3 mauvais sorts à jeter par-ci, par-là...

« Mais dis donc, qu'est-ce que tu fais sur ma page, toi ? »

« Bof ! Simple curiosité. »

« Non mais t'es trop ! Toi aussi, tu vas t'en prendre des mauvais sorts ! »

« Pffff ! »

CANDIDATE

LUNA

APPRENTIE ENSORCELEUSE

« Je suis née par une belle nuit de pleine lune, et je sens bien que j'ai un certain pouvoir sur les choses... »

« ... Souvent, j'ai le bout des doigts qui me chatouille et je ne peux rien toucher sans déclencher une gerbe d'étincelles. J'ai hâte d'avoir une baguette magique dans les mains ! »

« Si je me concentre bien, je peux deviner l'avenir. Là, par exemple, je sens bien que ce guide ne va pas être une partie de plaisir pour tout le monde... »

« Je vois... Je vois que certaines apprenties ne sont pas prêtes pour la grande expérience de la sorcellerie... »

AVERTISSEMENT AU LECTEUR

Vous allez entrer maintenant dans le monde de la sorcellerie. La plus grande discrétion vous est demandée afin de ne pas interférer avec les ondes en cours d'évolution.

AVANT DE TOURNER LA PAGE…

Armez-vous de quelques-unes de ces lampes électriques, torches, et bougies car les ampoules ne sont pas souvent remplacées dans ce guide…

« Bon !
Je vous préviens
tout de suite :
ce n'est pas MOI
qui frapperai
à CETTE porte ! »

« Et si on rentrait
à la maison, dare-dare,
illico presto, à fond
les ballons ! »

« Mamma mia !
Si " j'aurais " su,
" j'aurais " pas venue ! »

« Nom d'une
mygale ! Je sens
que ça va être plein
de toiles d'araignées
là-dedans. »

« Les filles,
re... restons
calmes !
Pa... pa... pas
de panique ! »

« Wouah !!! Je crois
que l'on peut s'attendre
au pire ! »

« Hey ! Vous voici ! Mais entrez donc et ne soyez pas les bienvenues, mesdemoiselles.
Je m'appelle lord Balthazar Bracadale, diplômé de la prestigieuse Académie de la magie noire du loch Ness, en Écosse.

Malheureusement pour vous, je serai votre maître en sorcellerie. On m'a demandé de participer à ce guide et j'ai accepté... Mais je me demande encore pourquoi... En tout cas, ne comptez pas sur mo pour vous raconter des histoires

e sorcières aux crochus nez,
ux pointus chapeaux, grimpées
ur de ridicules balais !
)h, no ! Tout ça, ce ne sont que
e sottes inventions pour les kids...
i vous voulez vraiment apprendre
a sorcellerie, il faudra faire preuve
d'un grand sérieux et de beaucoup
de courage ! Être une sorcière, cela
n'a rien de drôle, je vous préviens.
La noire magie est dangereuse,
elle peut devenir votre pire ennemie...
Alors ? Toujours partantes ?...
Eh bien, mauvaise journée à vous !

« Oh ! oh ! Comme c'est intéressant, n'est-il pas ? Vous avez apporté un balai ! Est-ce à dire que ma demeure n'est pas d'une exquise propreté ? »

« Mais... Je ne suis pas venu pour faire le ménage !!! »

« Oh ! Non ? Pourquoi ce balai, alors ? »

« Mais pour voler, pardi ! Toutes les sorcières volent sur des balais ! Même Harry Potter, il fait ça ! »

« Ooooh ! Je vois... La situation devient de plus en plus amusante, n'est-il pas ? Vous pourriez peut-être nous faire, à tous, une petite démonstration de votre talen chère abominable sorcière ! »

OÙ IL EST QUESTION DE BAGUETTES MAGIQUES...

LEÇON N° 1

NUIT BLANCHE POUR SIDONIE

OOOH !
VLAM !

« Ooooh ! Mais quelle sotte idée de se mettre dans de pareils états ! Je crains que vous ne fassiez une légère confusion, ma jolie ! La sorcellerie n'a rien à voir avec les acrobaties et les balais n'ont jamais volé. »

« Ah non ? »

« La sorcellerie, c'est plus sérieux et plus terrible que cela ! Sidonie, de quelle autre magie vous sentez-vous capable ? »

« Ben… À part le coup du balai… »

« Mais je vous parle de magie noire, ma chère… À qui voulez-vous tordre le cou, arracher les yeux ou retourner les ongles ? Ha, ha, ha ! Voilà la vraie question ! »

« Mais je ne veux faire de mal à personne ! Je ne suis pas venue là pour ça, moi ! Quelle horreur ! Je n'ai que des amis, en plus ! »

« C'est ce que tu crois ! »

« Aïe, aïe, aïe !
Mauvais cas de figure pour commencer !
Une fille déguisée en sorcièr
mais qui n'a rien d'une sorcière… »

« Bon ! Faites voir votre main… Hmm…
Une fine main, légère, très blanche…
Une grande innocence, en somme…
Je crois que cela pourra faire l'affaire… »

LES SORCIÈRES ET LA MODE...

Beaucoup de courrier nous parvient à propos du look des sorcières.
D'où vient cette mode ?
Existe-t-il des boutiques spécialisées ?
Est-ce que ces vêtements coûtent cher ?

Au Moyen Âge, il ne faisait pas bon ressembler aux sorcières. On les croyait inspirées par des pensées diaboliques. Elles ont même été surnommées « les fiancées du diable ».
Une véritable « chasse aux sorcières » fut organisée contre elles. Elles furent parfois brûlées vives.
Alors, vous dire qu'elles roulaient sur l'or...
Elles ne s'habillaient que de vieilles guenilles.
Et c'est ainsi qu'elles se sont créé leur « look » !

Voici, le croirez-vous, la relique de la pomme empoisonnée dans laquelle la pauvre Blanche-Neige mordit naguère.

Elles ont même inventé les mitaines : leurs gants étaient toujours troués si bien qu'elles en coupaient le bout.

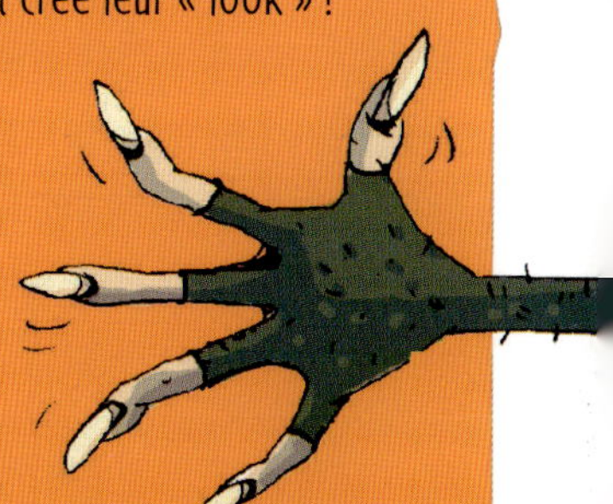

Voilà pourquoi s'habiller en sorcière ne devra surtout pas vous coûter cher !

La baguette
en bois sauvage

Toute sorcellerie trouve force et puissance dans la nature.

C'est pourquoi la baguette magique en « bois sauvage » est la seule qui convienne vraiment : c'est la plus active et la plus juste. La baguette de bois domestique, dite aussi « baguette des jardins », ne vaut pas un clou !

De l'avis de bien des sorciers, rien n'est mieux qu'une bonne nuit de pleine lune pour le ramassage des bois de baguettes magiques.

Le bouleau

Recouvert d'une écorce blanche zébrée de noir le bois de bouleau est vif.

Capricieux, il n'en fait qu'à sa tête… … et n'écoute son maître que si celui-ci est tout à fait sûr de lui.

Expert

À savoir…

Une baguette ne doit pas être plus longue que la moitié d'un bras.

Elle pourra ainsi se ranger facilement et en toute discrétion dans une manche !

La liane de lierre

Elle est souvent très intéressante par sa forme tarabiscotée qui confère à ses sorts une force inégalée. Le tout sera de viser juste car un vrai problème de précision se pose.

Le chêne

Un bon bois. Très bon même.
Pour ne pas dire excellent !

Le bois d'érable

Classique et sûr, ce bois est d'une excellente qualité à condition qu'il soit ramassé bien sec.

Au cas où...

Un sorcier digne de ce nom doit avoir, à sa disposition, plusieurs baguettes magiques. Entre autres :

- une baguette légère pour les petits sorts de la vie de tous les jours,
- une autre, plus massive, pour les sorts de grosses transformations,
- et, indispensable, une sur laquelle est fixé un morceau de cristal, pour les sorts de guérison.

Prudence !

Une baguette magique doit toujours être tenue dans le même sens : un sort jeté à l'envers, et la magie se retourne contre vous !

Taillée ou pas taillée ?

On peut vouloir tailler sa baguette ou bien la laisser telle quelle. Je conseille, toutefois, de laisser l'écorce à l'endroit où l'on pose la main : certains sorts peuvent créer des décharges électriques un peu douloureuses.

Petit couteau idéal à la taille des baguettes et à la coupe d'un bon saucisson et d'une miche de pain...

À savoir

Durée de vie d'une baguette de bois sauvage : 3 ou 4 ans, grand maximum.

À savoir aussi

Pour le ramassage, un panier à champignons, c'est mieux qu'un sac plastique.

Le top du top de la baguette !

C'est au pied des arbres séculaires que l'on trouve les bois les plus merveilleusement ensorceleurs et actifs. Il faut les laisser sécher longtemps et les enduire régulièrement d'huile de phoque.

INEFFICACE :
il ne faut jamais couper les branches d'un arbre pour en faire des baguettes.

« Zaza, je te dis que ce maître en sorcellerie est trop dingue ! Il envoie Sidonie en pleine nuit, au beau milieu de la forêt, ramasser des bouts de bois ! Elle ne reviendra jamais, si ça se trouve ! »

« Oh là là ! quelle petite pétocharde tu fais, Angélique ! Tu pensais quoi ? Qu'il allait l'envoyer batifoler dans les prés, cueillir des boutons-d'or ? »

« J'te permets pas de me traiter de petite pétocharde, espèce de grande cruche ! »

« C'était quoi, ça ? »

« Wouh ! Un courant d'air ? »

« Oh ! No ! Pas un courant d'air ! C'est votre ordre de mission qui est arrivé ! Je vous fais confiance pour vous débrouiller seules. Vous avez libre accès à mes secrétissimes grimoires et à mon fabuleumineux laboratoire : un immense privilège, girls ! »

OÙ IL EST QUESTION DE POTIONS,
DE POISONS ET AUTRES SOUPETTES...

LEÇON N° 2

PEUR BLEUE POUR ZAZA & ANGÉLIQUE

COURRIER DES LECTRICES...

« De fabuleuses recettes de potions magiques sont inscrites dans les livres de sorcellerie. Mais où se procurer ces vieux grimoires ? »

Malheureusement, vous n'en trouverez pas en librairie. Ces livres d'une valeur inestimable sont des œuvres écrites à la plume par des sorciers ou des druides extrêmement instruits. Vous dénicherez ces pièces rares, si vous avez de la chance :

- chez certains bouquinistes ;
- au marché aux puces ;
- au fin fond de certains vieux greniers.

Sinon, consolez-vous avec les recettes dévoilées plus loin par maître Balthazar Bracadale...

LA TISANE « PORTE-CHANCE »

Fastoche

Une jeune sorcière doit pouvoir compter sur la chance car elle ne peut pas encore tout maîtriser. Alors, rien de tel qu'une tisane comme celle-ci.

Ingrédients : 2 grosses poignées de trèfles à 4 feuilles et quelques fleurs de pissenlit. À faire bouillir gentiment tout en croisant les doigts de la main droite. Boire bien sucrée, au petit matin...

« Bon, on commence par couper la tête d'un poulet vivant. On récupère le sang qui gicle et ça nous fait déjà un très bon fond de sauce pour la potion. C'est une vieille recette de mon arrière-grand-père... »

« Aaah ! C'est trop l'horreur ! J'vais pas pouvoir regarder ça ! Je ne supporte pas la vue du sang ! »

« Attends, je rêve ! Tu ne vas pas trucider un poulet, ici, là, maintenant ! »

« Angélique ! T'arrêtes un peu de faire ta chochotte ? »

GROS DODO !

Il y a forcément dans votre entourage quelqu'un qui vous énerve, qui vous casse les pieds, et que vous voudriez plonger dans un très long sommeil...
Capturez vivante une mouche tsé-tsé.
Le moment venu, chatouillez-lui les côtelettes.
Agacée, elle cherchera inévitablement à piquer.
Dirigez-la alors vers la personne choisie.

Expertes seulement

« Aaah ! Mais qu'est-ce que c'est ? Quoi qui se passe ?! Elles vont m'arracher les cheveux, ces sales bestioles ! Déguerpissons vite fait, Zaza ! »

« Aïe ! Ouille ! Aïouille ! C'est à cause du poulet ! Il est sûrement ensorcelé ! »

LA MOUSSE « CHOCO-BEURK »

Vous en voulez à quelqu'un ?
Eh bien, la vengeance est un plat qui se mange froid...

Commencez une mousse au chocolat classique. Dans le chocolat fondu, ajoutez quelques parts d'un camembert que vous aurez laissé vieillir au-delà du raisonnable... Si cela peut vous soulager, crachez dans le mélange afin de vous débarrasser de toute votre rancœur.

« Ma pauv' cocotte ! Elle n'a pas été gentille avec toi, Zaza ! Je ne supporte pas que l'on touche à un poil ou à une plume de mes petits animaux chéris ! »

« Tu parles ! J'ai failli être guillotinée ! Crouc ! Coupée, la tête ! »

« Vraiment très efficace, cette formule qui affole les chauves-souris ! L'attaque a été fulgurante ! J'essaierais bien maintenant la formule qui transforme en squelette... »

« Oui, eh bien pas sur moi, s'il te plaît ! »

LA PÂTE DE FRUITS « AMOUR TOUJOURS »

Quoi de plus terrible qu'un petit ami qui vous laisse tomber comme une vieille chaussette ?

Confectionnez de la pâte de fruits classique. Ajoutez quelques bonnes pincées de poudre de gingembre et une giclée d'eau de rose. À donner à l'intéressé au moins une fois par jour.

Archipoivrée mais efficace !

Potions magiques :
qui, que, quoi mettre dedans ?

Crottes de nez, glaires, bave et autres cochonneries…

Si l'on en croit la rumeur générale, rien ne vaut un bon vomi ou quelques crachats de crapaud pour réussir n'importe laquelle des potions.

Grâce aux rhumes à répétition des enfants, facile de se procurer de la matière première...

Mais y a-t-il un fond de vérité à tout cela ?

Les plus grands sorciers sont très partagés à ce sujet (et je ne parle pas de ceux qui préfèrent manger leurs crottes de nez plutôt que de les mettre dans la soupe...). Nous dirons que ces sécrétions sont à faible pouvoir, excepté **le pipi de chat** qui peut servir d'excellent répulsif (à utiliser tout simplement comme une banale eau de toilette).

LE COCKTAIL « PLEINE FORME »

Passé un léger temps de répulsion, rien n'est plus exquis à l'apéritif qu'un cocktail de gros vers blancs baignant dans un petit jus de vers de terre. Très riches en protéines, toutes ces petites bêtes ont le pouvoir de requinquer un mourant en moins de deux.

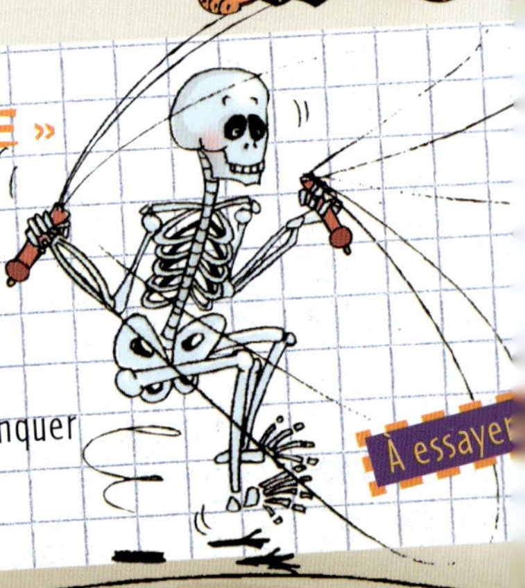

À essayer

Faire ses réserves pour l'hiver...

Il est important pour un sorcier d'avoir à sa disposition quelques herbes de première nécessité.

Je pense à l'ortie, par exemple, réputée pour ses vertus urticantes, grattouillantes et énervantes...

Récolte de la grande ortie

- Se munir de gants de vaisselle et d'un passe-montagne.
- Choisir un beau buisson d'au moins 1,50 m.
- Cueillir les plus beaux spécimens.
- Les faire sécher longtemps et les réduire en poudre.

À garder dans un vieux pot de confiture.

L'amanite tue-mouches et autres champignons vénéneux...

Hélas, trois fois hélas, seuls les maîtres en sorcellerie sont autorisés à utiliser des champignons vénéneux. Certains spécimens font courir un vrai danger de mort.

FÂCHÉES MAIS... VITE RÉCONCILIÉES

Vous êtes malheureuse car vous vous êtes disputée avec votre meilleure amie ? Heureusement, cela va s'arranger très vite. Confectionnez-lui un collier avec des clous de girofle. Leur odeur rappelle un peu le cabinet d'un dentiste, mais ils sont formidables pour le retour d'amitié. Votre amie trouve ce collier ignoble ? Tant pis, essayez de lui offrir des bonbons à la place...

Tous niveaux

FOIES, CERVELLES, INTESTINS ET AUTRES BOYAUX...

Si le cœur vous en dit, vous pouvez toujours trucider un escargot pour lui extirper la cervelle...

« Sûrement pas ! C'est quoi, cette manie de s'en prendre aux animaux ? »

Disons que ces organes (y compris les yeux) ont un pouvoir très « activateur » en magie noire. Ils sont systématiquement utilisés dans les potions de métamorphose.

« Fuyons, les amis ! »

Avis aux amatrices

LE SAVIEZ-VOUS ?

Certains sodas ont de nombreuses vertus, en particulier celle de masquer le mauvais goût des potions. Par ailleurs, ces boissons ont le pouvoir de vous pourrir les dents en moins de deux !

SOYONS CLAIRS :

N'utilisez jamais un ingrédient que vous n'identifiez pas !

LA BAGUE À POISON

Tellement pratique et si discrète ! À avoir absolument !

CHARMANTE MIXTURE !

Prenez un beau foie de veau bien flasque et sanguinolent. Laissez-le pourrir et récupérez les petits vers, qui ne tarderont pas à apparaître... Écrasez-les avec des feuilles d'orties : vous obtiendrez là une gentille mixture responsable de merveilleuses pustules grattantes et purulentes qui feront la joie de tout un chacun...

Terrible !

« Alors là, je crois
ue je suis trop allergique
un truc. C'est peut-être
a poudre de pili-pili ?
À moins que ce ne soit
e crachat de lama ? »

« T'exagères toujours !
Pourquoi tu nous mets des
trucs pareils dans la potion ? Allez,
hop ! Une bonne dose de salicorne
pour rattraper le coup... »

« Ouh ! Quelle est cette irrespirable
odeur ? Mais serait-ce que cette
fumée vient de mon laboratoire ? »

CRISE CARDIAQUE GARANTIE !

Avez-vous déjà entendu crier une plante ? Non ? Alors voici une expérience fascinante : arrachez violemment de la terre une pousse de mandragore. Vous entendrez un drôle de cri que vous n'êtes pas près d'oublier...

urité, électricité coupée... Par mesure de sécurit
« Que se passe-t-il ici, par tous les diables ?!! Ne me dites pas, les filles, que vous vous êtes servies de mes interdites fioles ?!! SI ?!! Je sens une terribilus colère me monter dans le nez ! Et depuis combien de temps respirez-vous cette purée de pois verte ? »
« Hic ! On l'a pas fait exprès maître. Hic ! On s'amusait, c'est tout... »
« Houc ! Sauvons-nous Angélique ! Il a l'air très en colère... Houc ! »
« Pouah ! Quelle odeur ! Une infection ! Et même pas quelqu'un pour m'accueillir ?! Eh bien, merci encore ! Moi qu me suis fatiguée toute la nuit pour cette mission de malheur J'en ai plein les guiboles... »
À table !

ricité coupée...
« Luna, tu vois ce que je vois ? Sidonie est rentrée. Regarde es baguettes qu'elle nous a rapportées ! »
« Fantastique ! Je viens justement d'apprendre 125 formules spécial baguettes magiques... »
« J'ai une de ces soifs, moi... Et après ça, pipi, et au lit ! Beurk... J'ai l'impression d'avoir avalé un verre d'eau de mer ! »
Glourk !

« Je ne veux pas t'affoler,
Angélique, mais la chose molle sur
laquelle nous sommes assises est une
tranche de pain de mie. Là, ce sont
des cornichons, et la boule rouge,
une tomate cocktail... »

« Trop drôle, nous avons
maintenant la taille d'une souris
Mais, en fait... c'est terrible !
Il faut vite retrouver le maître,
qu'il nous remette normales !!! »

« Miss Sidonie ! Quelle merveilleuse cueillette !
Vos baguettes sont d'une exceptionnelle qualité !
Oh ! Mais qu'est-ce qu'il vous arrive ? »

« 7 892 X 324 = 2 557 008
98 631 X 751 = 74 071 881

« En tout cas, elle s'est améliorée
en calcul mental ! »

« La situation est grave ! Je crains bien que cette pauvre gamine ne vienne d'avaler une dose d'extrait d'algue Caulerpa taxifolia. Il faut préparer au plus vite un antidote avant qu'elle ne soit engloutie par cette algue dévorante... Nom d'un mauvais sort, ces apprenties sont très terribles ! Elles ne font que des stupides bêtes sottises et je ne peux les surveiller toutes à la fois... »

Laa meeer qu'on voit danseeeer le long des golfes claiiiiirs !!! »

FABRIQUER UN ANTIDOTE

Vous l'aurez compris, la sorcellerie, ce n'est pas sans danger ! Alors voici comment fabriquer un contrepoison. C'est plutôt simple et d'ailleurs, par sécurité, tout le monde devrait connaître cette petite manipulation par cœur...

Récupérez le poison mis en cause : ici, l'algue Caulerpa taxifolia (à effet fulgurant).

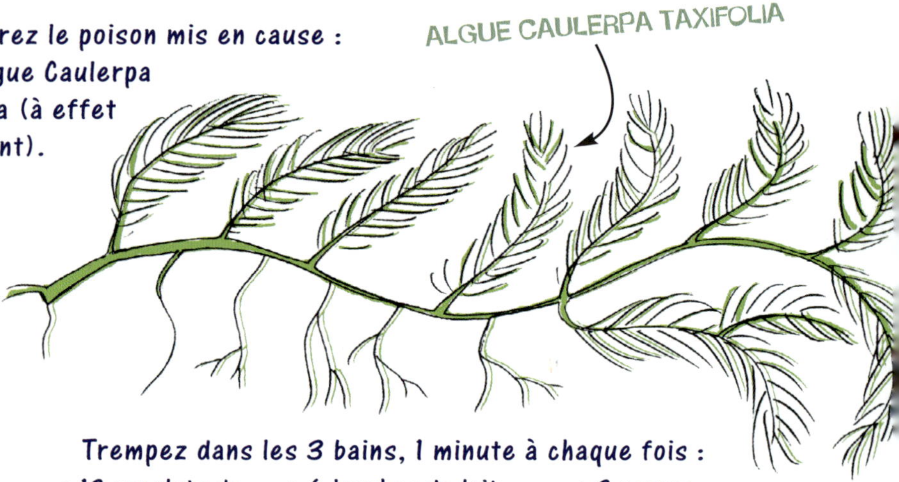

Trempez dans les 3 bains, 1 minute à chaque fois :

- 12 sanglots de fille au cœur d'artichaut
- 6 louches de lait saupoudré de pelures de gomme
- 2 verres de sirop de grenadine

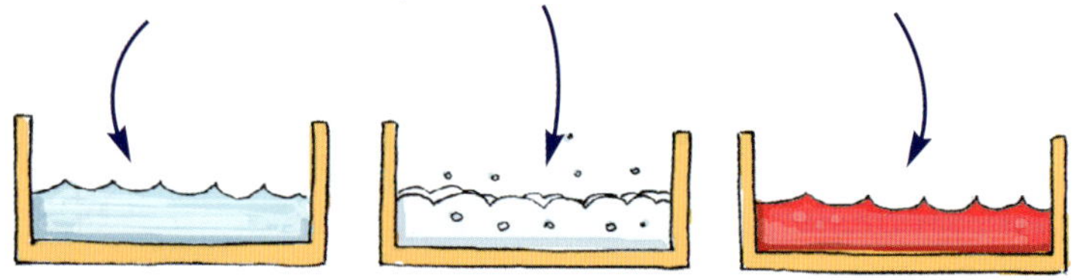

Hachez menu, menu et jetez le tout dans une casserole.

Chauffez à feu moyen pendant 5 minutes.

Montez en neige les blancs de 3 œufs d'autruche et versez dans la préparation.

Attention, l'émulsion va beaucoup mousser... Récupérez comme vous pouvez dans un entonnoir.

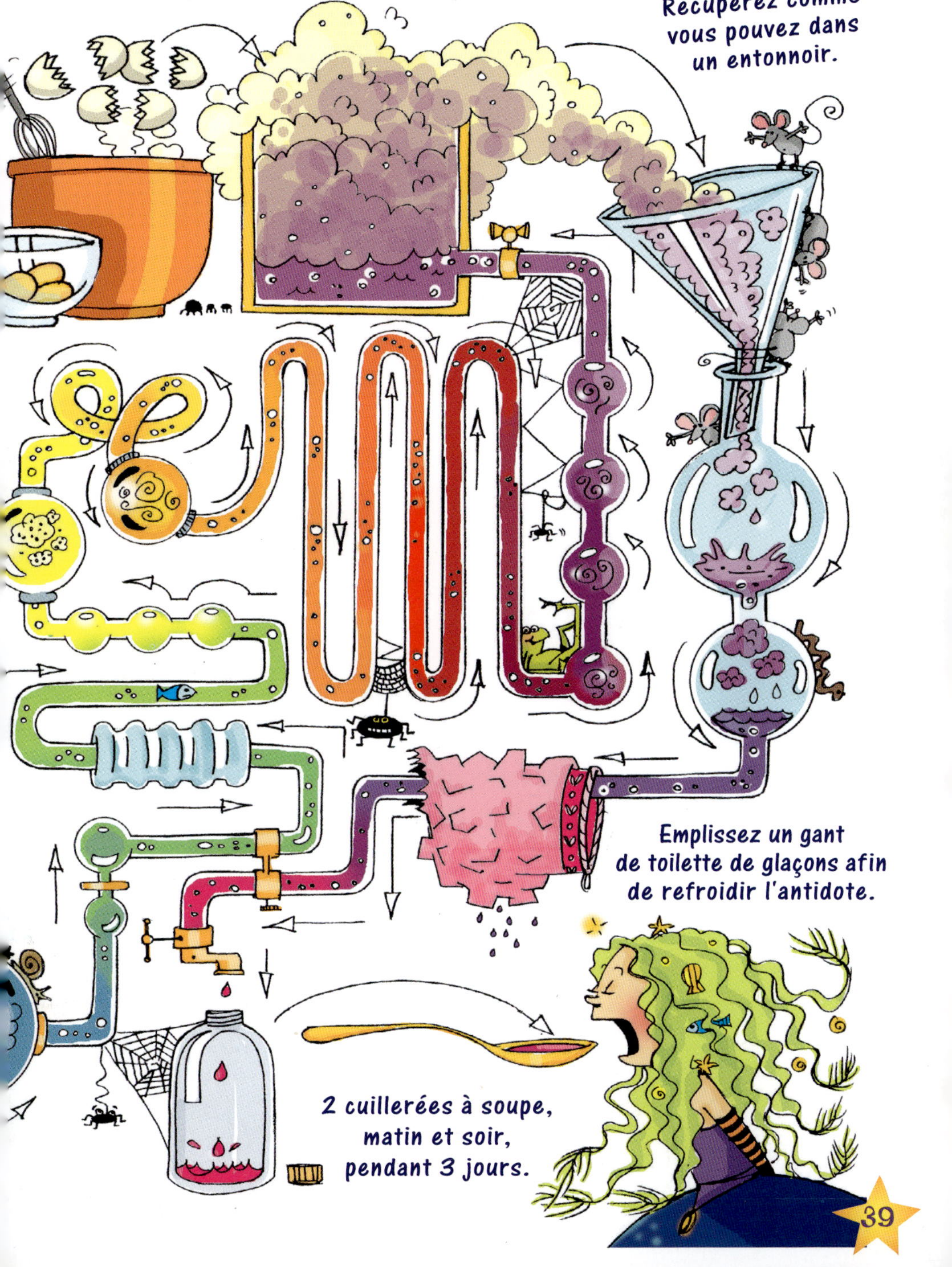

Emplissez un gant de toilette de glaçons afin de refroidir l'antidote.

2 cuillerées à soupe, matin et soir, pendant 3 jours.

« Regardez comme elles se débrouillent bien, mes cocottes ! Le plus dur, c'est le passage de la pince à linge... »

« Pouvez-vous m'expliquer ce qu'il y a de miraculeux à faire marcher des araignées sur un fil, miss Spider ? »

« Oh, je sens que mon petit tour d'équilibristes ne vous plaît pas trop... mais j'vous assure que peu de gens savent dresser ainsi des mygales et... »

« No ! No ! No ! Vous ne suivez pas mes instructions : j'exige de la VÉRITABLE sorcellerie ! Alors, montrez-moi plutôt ce dont vous êtes vraiment capable ! »

OÙ IL EST QUESTION D'ANIMAUX FABULEUX, FAMILIERS OU COUPÉS EN MORCEAUX...

LEÇON N° 3

COLÈRE NOIRE POUR VIOLETTE

Faites parler la sorcellerie
par l'intermédiaire
d'un animal...

« Alors là, je vais lui couper le sifflet au maître. Car moi, je peux tout faire, et avec n'importe quel animal ! Je suis déjà une grande dresseuse et je serai une grande sorcière, moi ! »

« Mais qu'est-ce qui te met dans un état pareil ? »

« J'voudrais bien t'aider, hic, Violette. Si seulement j'étais plus grosse qu'un cornichon, hic... »

« J'ai trouvé ! Je vais faire renaître un phénix de ses cendres, suivant cette vieille recette ancestrale ! Génial ! Dites, les mini-filles, sauriez-vous me trouver des cendres de phénix dans les fioles interdites ? »

« Sûrement, houc ! Et avec notre taille, nous serons maxi-discrètes ! »

« Alors là, je vous dis c'est infaisable, votre affaire ! Trop dur ! »

Le crapaud
Grand Prince de la Sorcellerie

Comme chacun sait, le crapaud est moche et c'est là sa qualité première ! Sa gueule baveuse, ses yeux globuleux et son lot de pustules appétissantes font de lui l'animal préféré des sorciers.
Il a d'ailleurs été élu Grand Prince de la Sorcellerie. Cela lui a permis d'assumer totalement son physique et même d'en tirer une certaine fierté…

Au fait, le crapaud abrite-t-il, sous son physique déplorable, un beau, jeune et galant prince charmant ?
Au risque de décevoir plus d'une jeune fille, si cela était le cas, on peut parier, sans se tromper, que le prince en question aurait fort mauvaise haleine…

• Excellent activateur utile à toute potion
• À utiliser absolument pour les métamorphoses

De quoi vit le crapaud ?

Rassurez-vous, il gagne plutôt bien sa vie : il vend sa bave et son jus de pustules à prix d'or !

Les chouchous
des sorciers

Bien des animaux sont associés à la sorcellerie simplement parce qu'ils se comportent bizarrement.

Le rat

Le rat adore la cantine : il peut y manger toutes sortes de saletés…

Transmet des maladies mortelles

Les chauves-souris

Elles ont souvent le sang qui leur monte à la tête. Quelle idée aussi de dormir pendues par les doigts de pied…

Chassent les mauvais esprits

La salamandre

Elle traverse le feu sans rôtir. Aussi, elle est immangeable, même avec du ketchup…

Couverte d'une glu toxique

Le hibou

Il ne peut pas s'endormir avant six heures du matin. Du coup, il sait tout ce qui se passe à minuit...

Grand expert des forces de la nuit

Le corbeau

Élégant… et pourtant ! Il n'hésite pas à déchiqueter les cadavres…

Messager des pires nouvelles

Le pou

Il ne supporte pas qu'on lui fasse un reproche. Et un pou vexé, ça gratte !

Suceur de sang facile à trouver

Étude du dragon

Le dragon est une créature fabuleuse mais ô combien mal connue. Qui est-il exactement ? Une étude détaillée s'impose...

Le dragon est un véritable enfant de la sorcellerie. Hélas, il ne reste aucune trace de la formule qui fit naître cet animal incroyable, à la fois lézard, serpent et chauve-souris.

Tout chevalier qui se respecte aime à combattre un dragon, au péril de sa vie.

Trait de caractère :

on dit le dragon plutôt timide et peureux, mais aussi très coléreux. Il vaut mieux ne pas le chauffer...

Caractéristique technique :

c'est un cracheur de feu.

Alimentation :

il aime la chair fraîche mais peut se contenter d'un bon sandwich jambon-gruyère.

Lieu de vie :

inconnu. Certains affirment que les dragons n'apparaissent que par temps de brouillard. Alors, prudence !

Précaution d'emploi :

face à un dragon, il faut toujours éloigner les allumettes.

Aucun dragon n'a jamais été pris en photo. Avis aux amateurs...

Écrivez avec de l'encre cramoisie qui n'est autre que du sang de colombe, et vos désirs seront exaucés...

Morceaux choisis d'animaux

Les pattes de poulet

(faciles à se procurer)

Réputées pour protéger du mauvais œil, des malédictions et autres envoûtements, les pattes de poulet se portent très facilement et très discrètement en collier...

Le mini-dragon

Placé sous l'oreiller, l'hippocampe desséché chasse les cauchemars. Mais on peut le remplacer par quelques tranches d'un ver de terre, desséché lui aussi...

La queue de rat

Qu'on se le dise : une potion sans queue de rat est une potion ratée ! De plus, la queue de rat croustille agréablement sous la dent...

« Merci, Luna ! Nous réunissons maintenant toutes les conditions favorables à la naissance d'un phénix... Je vous rappelle qu'il nous faut une pluie d'étincelles et une concentration maximale ! Levez vos baguettes ! »

« Pas possible que ça marche. Le coup du phénix, c'est un truc des temps anciens. Un genre de légende, quoi... »

« Mais tais-toi ! Tu vas tout faire rater ! Et puis qu'est-ce que tu en sais, d'abord ? »

« Ça va marcher ! On y croit, on y croit, ON Y CROIT !!! »

Que les forces naturelles soient avec nous ! »

« Par les tourments de
a sorcellerie, est-ce
ossible que vous ayez
éussi ce tour de force,
nesdemoiselles ? Mais
nfin, où avez-vous
rouvé ces magiques
endres ?
e les avais égarées,
l y a des siècles…

Comme il est beau !
Vous savez, c'est
un fabuleux oiseau de
la mythologie égyptienne.
Merveilleux !
Tout simplement
merveilleux… »

« Hey ! Serait-ce que je me suis attendri ? Voilà qui ne me ressemble pas... Alors, Luna ! Combien de magiques formules avez-vous apprises depuis que vous êtes ici ? »

« 132, maître ! »

« 132 ?!! Yes ! Excellent ! Et quelles sont les conditions à réuni pour jeter correctly un sort ? »

« Lacets de chaussures bien noués, pas de doigts croisés ni de doigt dans le nez, téléphone portable éteint, concentration maximale ! »

« Parfait ! Alors, quel sort de haut niveau avez-vous choisi de mettre en œuvre ? »

« Ah ça, c'est une surprise, maître ! Mais je suis bien sûre que vous ne serez pas déçu. D'ailleurs je vais vous prendre pour cobaye...

« M... Mo... Moi ?!! Mais pourquoi ne pas prendre Sidonie plutôt ? Elle a l'habitude de petits problèmes de sorcellerie...

OÙ IL EST QUESTION DE FORMULES ENSORCELEUSES, DE MAUVAIS SORTS ET DE PHÉNOMÈNES BIZARROÏDES...

LEÇON N° 4

LUNA, ROUGE DE HONTE

« Maître ! Maître ! S'il vous plaît ! Faites quelque chose pour nous ! Nous sommes toutes minus ! C'est à cause de la fumée verte qui sentait si mauvais ! »

« On ne l'a pas fait exprès ! On pensait juste faire une bonne potion... »

« Mais voyons, que faites-vous là ? Luna est en train de me jeter un sort ! C'est très dangerous ! »

TOUT PAR CŒUR EN 2 SECONDES

Cette formule magique doit rester secrète car le président de la République, qui lui-même a du mal avec « 8 X 7 », ne souhaite pas que les enfants connaissent leurs tables de multiplication sans se fatiguer.

Faites tourner un pendule au-dessus d'une table de multiplication en répétant très vite : « Fastochoum multiplicatoum 7 X 7 = 49, fastochoum multiplicatoum 7 X 8 = 56 », etc.

Chances de réussite : 4/5

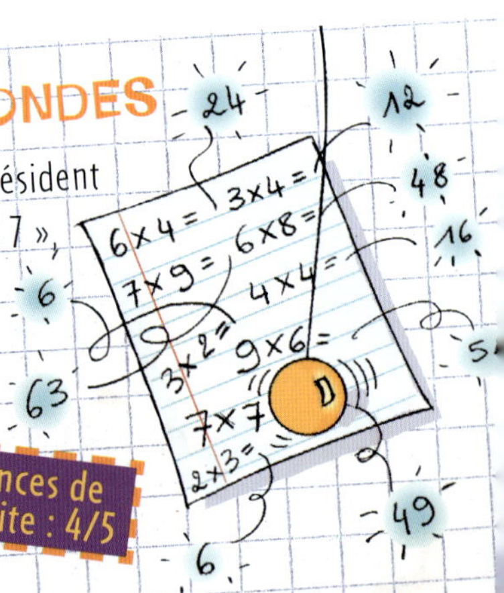

Lancez le tragicodrame…
Maintenant, **Merlinibus** ! »

PETITE ASTUCE POUR TOUS LES JOURS

Tous les matins, recommence l'éternel rituel de l'enfilage des vêtements.

Voici la formule qu'une gentille fée utilisa pour habiller Cendrillon en un rien de temps : « Bipbidi bopbidi bouh ! » Évidemment, vous allez vous retrouver en robe de bal mais à minuit pile vous serez à nouveau en pyjama. Pratique, non ?

Chances de réussite : 1/5

« Je n'en peux plus de ce guide de malheur ! Et pourquoi elle ne m'appelle pas, ma maman à moi ? »

« Mais... Mais... Mais ce n'est pas du tout ce que je voulais ! »

UNE PLUIE D'ÉTINCELLES

Rien ne fait plus magique qu'une pluie d'étincelles. Par exemple, pour être bien sûre que vos amis remarqueront votre nouvelle paire de baskets, accompagnez-la d'une myriade d'étincelles. Effet garanti ! Saupoudrez vos baskets d'une pincée de poudre de perlimpinpin (chez tous les bons épiciers) et prononcez : « Étincelloum ! Étincelloum ! »

Chances de réussite : 4/5

« Je ne comprends pas, maître ! Je voulais vous donner une véritable apparence de sorcier et vous transformer en Merlin l'Enchanteur. Mais vous êtes franchement ridicule en Tarzan... »

« En Merlin l'Enchanteur ??! Mais enfin, cela m'aurait terriblement vieilli ! Et puis, je ne supporte pas les barbes mal peignées ! Bigre, je l'ai échappé belle... »

« Rrrrr !!! POURQUOI ça n'a pas marché ? C'est insupportable ! J'ai passé des heures à m'entraîner ! Et vous auriez pu tout aussi bien vous transformer en peau de banane ! »

« Du calme, voyons, du calme. Tout cela est de ma propre faute : j'avais oublié d'éteindre mon portable téléphone... Différentes ondes se sont entrechoquées. Mais il y a urgence ! Je dois m'occuper tout de suite des filles petites ! »

RICHE À MILLIARDS...

Bien des hommes en ont rêvé, peu y sont parvenus : l'idée fabuleuse est de transformer, par un effet propre à l'alchimie, du fer en OR !

« Seule la pierre philosophale a ce pouvoir merveilleux. Où trouver ce caillou incroyable ? Si je le savais, je serais déjà sous les cocotiers à me dorer la pilule ! Il paraîtrait qu'au fond des rivières, peut-être... »

La sorcellerie ?

Toujours pratique...

ABRRACADABBRRRA !

Malheureusement, ce mot ne fera pas de vous la reine de la sorcellerie. En réalité, il servait autrefois à soigner la fièvre. Il fallait l'écrire sur un parchemin et le garder autour du cou.

Efficace mais, finalement, mieux vaut un bon cachet d'aspirine.

Un coup de baguette magique, et hop ! vous allez faire des miracles ou jouer quelques mauvais tours à votre pire ennemi. Mais il vous faudra un sévère entraînement.
Car même le meilleur des sorciers ne réussit pas à tous les coups.

Voici un exemple classique de faute d'inattention : jeter un sort de métamorphose en pensant à son déjeuner...

À TABLE !

Des copines viennent goûter et le placard à gâteaux est désespérément vide... Il est temps de déployer les grands moyens :
Armée de votre baguette magique, récitez la formule : « Farandoluc tagada tagadus », tout en courant autour de la table.
Pour un supplément charcuterie, ajoutez : « Graissious porcus ! » Pour un supplément fromage : « Odorus puantoris ! »

Chances de réussite : 3/5

Mais de quoi demain sera-t-il fait ?

Un autre des grands avantages de la sorcellerie est celui de pouvoir lire l'avenir. Plusieurs techniques s'offrent à vous, mais il faudra quelques années de pratique et des tas de prédictions lamentables avant d'y voir vraiment quelque chose.

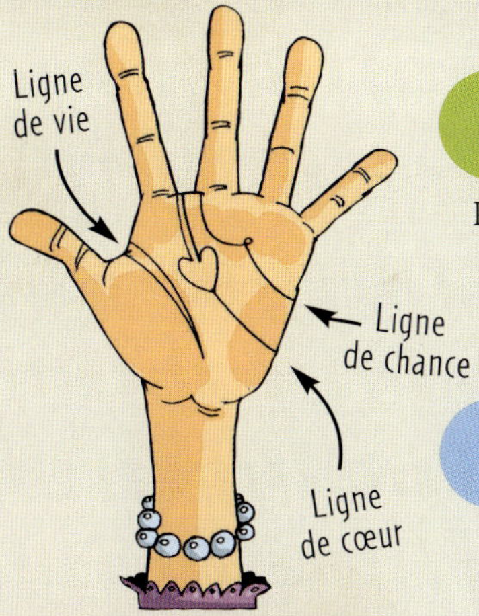

Le vol des hirondelles

Permet de savoir le temps qu'il fera le lendemain. (plus sûr qu'à la télé)
Provoque des torticolis

La boule de cristal

Il s'agit d'interpréter des formes nuageuses...
Réservé aux myopes

Les cartes de tarot

Vous y trouverez la carte de la roue de la fortune, de l'amoureux, du pendu ou encore celle de la force… Alors, avec un peu d'imagination, le futur ne manquera pas de fantaisie...
L'avenir est à vous !

Les lignes de la main

Permettent des prévisions très complètes (y compris sur la question amoureuse…).
À essayer partout

« Je vois… qu'un grand tourbillon va te filer une sacrée envie de vomir… »

POUR LES GENS TROP PARFAITS...

Certaines personnes sont toujours incroyablement bien élevées. Elles ne renversent jamais leur verre et ne mangent surtout pas avec les coudes sur la table. Et parfois, c'est énervant !

Deux idées pour rendre ces personnes un peu plus amusantes :

- La formule « pet de mammouth » : « Pétaradoc catastrophis ! »
- La formule « gros mots » : « Merdoum et malotrufis ! »

Chances de réussite : 4/5

La poupée vaudoue

À fabriquer...

La poupée vaudoue se confectionne très facilement avec un vieux bout de serpillière, grossièrement cousu et bourré avec du foin. Elle doit être d'une grande mocheté : elle n'en sera que plus efficace.

« C'est mon amoureux secret. Il est trop mignon, non ? Bon ! Il me faut tout de suite une formule : "amour fou, fou, fou"... »

Accrochez à son cou la photo, un dessin ou encore une mèche de cheveux de la personne à qui vous voulez jeter un sort.

Chances de réussite : 3/5

Vous pouvez maintenant lui jeter tous les sorts que vous souhaitez. Il faut y mettre beaucoup de conviction ! À vous de vérifier, par la suite, si les sorts ont vraiment agi sur la personne.

OÙ SUIS-JE ? QUE FAIS-JE ?

Vous êtes interrogée pour réciter une leçon mal apprise ? Voici une solution efficace : créez chez la personne qui vous questionne un petit trou de mémoire.

Regardez-la droit dans les yeux. Fixez-la en chuchotant trois fois : « Amnésis ! Forguettemi ! » et claquez les doigts de la main droite. Comme par miracle, elle va détourner le regard et vous aura déjà oubliée.

Chances de réussite : 2/5

Amulettes, gris-gris et autres porte-bonheur…

Vous possédez sûrement un petit objet qui vous est cher et qui, selon vous, vous porte chance. C'est exactement ce que l'on appelle une amulette ou un gri-gri.

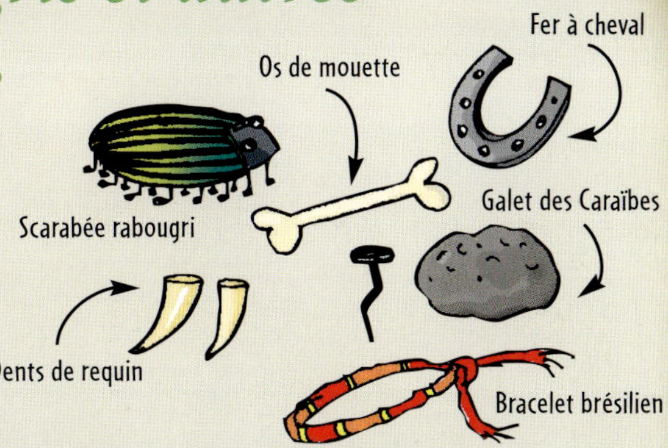

Phénomènes bizarroïdes…

Une ampoule qui claque ?

C'est un fantôme qui passe…

Les oreilles qui sifflent ?

Quelqu'un dit du mal de vous...

Buvez dans le verre de quelqu'un !

Vous connaîtrez ses pensées...

RANGE TA CHAMBRE !

C'est la formule la plus utilisée, celle qui fait que votre chambre se range toute seule en un temps record ! Vous pourrez laisser traîner votre linge sale sans craindre une crise de nerfs de votre chère maman !

Frappez dans les mains et dites... Mais enfin... Impossible de me souvenir de cette formule que j'ai déjà utilisée 3 971 fois... Eh bien, en attendant que ça me revienne, vous pouvez toujours ranger votre chambre...

« Allez-y, les filles ! Faites-moi tourner cette roue à hamster ! C'est le seul remède pour les personnes touchées par un double sort. Mais, nom d'un estomac de ver de terre, arriverai-je un jour à leur verser sur la tête cette goutte de larme de géant ? »

« Ça alors ! La sorcellerie, ça se pratique vraiment avec n'importe quoi... Courage, les filles ! Plus que 42 tours ! »

« Dis donc, as-tu déjà vu Angélique et Zaza courir si vite ? Après ça, elles seront bonnes pour les Jeux olympiques c'est sûr ! »

« Ouf ! C'en est fini de toute cette histoire ! Nous revoilà belles comme le jour ! »

« Bof, finalement, je n'ai même pas eu peur... C'était trop facile, ce guide, pas vrai ? »

« Au fait, il nous reste cette potion que personne n'a osé goûter. J'y ai ajouté quelques écarlates herbes et une cuillerée de confiture de noirs cheveux. Le résultat devrait être intéressant... »

« Voyons voir quel goût horrible a cette abominable mixture... »

« Alors ? »

« Et voilà, ces folles filles m'en ont fait voir de toutes les couleurs !!! Mais je reconnais que cette joyeuse expérience était pleine d'inattendus et rigolos événements... Oh, oh ! Quels sont ces dingues rires ? Serait-ce la potion qui a fait son effet ? »

« Ah ! Chouette ! Voici enfin des sorcières avec un super-look ! »

« Bravo à Zaza et Angélique ! Les filles, vous nous avez inventé une sacrée potion ! Regardez notre métamorphose ! Plus sorcières que nous, tu meurs ! Très stylée ma robe ! »

« Que l'on m'apporte ma baguette ! Je sens que ma vie de sorcière ne fait que commencer ! Youpi !!! »

Loi 49.956 du 16.07.1949
ISBN : 2.7459.1527.4 / Dépôt légal : 4e trimestre 2004
Imprimé en Chine